Polish Reading Comprehension Texts: First Steps - Book One

Polish Reading Comprehension Texts

Mikkelsen Dubois

Published by Mikkelsen Dubois, 2023.

POLISH READING COMPREHENSION TEXTS: FIRST STEPS - BOOK ONE

First edition. June 1, 2023.

ISBN: 979-8223097877

Written by Mikkelsen Dubois.

Table of Contents

How to Use This Polish Reading Comprehension Book

Step 1: Choose the Right Text Level

The first step in doing a Polish reading comprehension exercise is to choose the right text level. The text should be appropriate for the learner's level and interests. For beginners, texts with simpler vocabulary and shorter sentences are ideal. For more advanced learners, more complex texts can be used. Mikkelsen Dubois offers Polish Reading Comprehension Texts in different levels - beginner, intermediate and advanced, as well as First Steps for new language learners. It's also important to choose a text that is interesting to the learner. This can help to keep them engaged and motivated, which is crucial for language learning success. Texts on topics like history, culture, and current events can be particularly engaging for learners. Every Mikkelsen Dubois Reading Comprehension Book contains texts on a variety of different topics.

Step 2: Read the Text

Once a suitable text has been chosen, the learner should read it carefully. They should focus on understanding the meaning of the text and how the words and phrases are used in sentences. It's also important to pay attention to the structure of the sentences and the use of grammar. When reading the text, learners should try to read as much as they can without stopping to look up words in a dictionary. This can help to improve their overall comprehension skills and develop their ability to understand the text in context.

Step 3: Analyze the Text

After reading the text, the learner should analyze it to deepen their understanding. This involves paying attention to the structure of the sentences, the use of grammar, and the context in which words are used. Learners can ask themselves questions about the text to help them analyze it more deeply.

For example, they could ask themselves:

What is the main idea of the text?

What is the purpose of the text?

What is the tone of the text?

What new words or phrases have I learned from the text?

What new grammar structures have I learned from the text?

By analyzing the text in this way, learners can develop a more comprehensive understanding of the text and improve their comprehension skills. Making a note of new vocabulary, grammar and sentence structure will help the learner in this analysis and support the learning process.

Step 4: Answer the Questions

The next step in doing a Polish reading comprehension exercise is to answer the questions. In every Mikkelsen Dubois Polish Comprehension Book, questions are provided with the text. These questions are designed to test the learner's understanding of the text and their ability to apply their knowledge of Polish vocabulary and grammar. Learners should answer the questions as thoroughly and accurately as possible, using their knowledge of Polish vocabulary and grammar.

Step 5: Check Answers

After answering the questions, the learner should check their answers. This involves reviewing their responses and ensuring that they are accurate and complete. If the learner has made mistakes, they should try to identify the areas where they need to improve their understanding. This could involve reviewing specific vocabulary or grammar structures or practicing their comprehension skills with more texts.

Step 6: Review and Practice

The final step in doing a Polish reading comprehension exercise is to review and practice. This involves reviewing the text and the questions and identifying areas for improvement. Learners should use the reading comprehension exercise as a learning tool to improve their comprehension skills and develop their knowledge of Polish vocabulary and grammar. By regularly practicing with different types of texts and using strategies like taking notes, analyzing the text, and asking questions, learners can improve their comprehension skills more quickly.

Text One

Read the following Polish comprehension text carefully.

Then answer the questions using the information provided in the text.

Try to answer in full sentences and pay attention to your spelling and grammar.

Once you have answered all the questions, check your answers with the suggested answers.

<u>Moje ulubione zwierzę</u>

Mam ulubione zwierzę. To pies. Mój pies ma brązowe futro i wielkie, czarne oczy. Jest bardzo przyjazny i kochany. Nazywa się Burek. Często spacerujemy razem w parku. Jakie jest twoje ulubione zwierzę?

Questions

1. Jakie zwierzę jest ulubione autora?
2. Jak wygląda pies autora?
3. Jak nazywa się pies autora?

Answers

1. Ulubione zwierzę autora to pies.
2. Pies autora ma brązowe futro i wielkie, czarne oczy.
3. Pies autora nazywa się Burek.

Text Two

Read the following Polish comprehension text carefully.

Then answer the questions using the information provided in the text.

Try to answer in full sentences and pay attention to your spelling and grammar.

Once you have answered all the questions, check your answers with the suggested answers.

<u>Polska - Kraj pełen cudów</u>

Polska to piękny kraj w Europie. Ma wiele ciekawych miejsc do odwiedzenia. Stolica Polski to Warszawa. W Polsce znajduje się również wiele zabytków, takich jak Zamek Królewski w Krakowie i Katedra w Gdańsku. Tatry są najwyższymi górami w Polsce.

Questions

1. Gdzie znajduje się Polska?
2. Jaka jest stolica Polski?
3. Jakie zabytki można zobaczyć w Polsce?
4. Jakie są najwyższe góry w Polsce?

Answers

1. Polska znajduje się w Europie.
2. Stolicą Polski jest Warszawa.
3. W Polsce można zobaczyć takie zabytki jak Zamek Królewski w Krakowie i Katedrę w Gdańsku.
4. Najwyższymi górami w Polsce są Tatry.

Text Three

Read the following Polish comprehension text carefully.

Then answer the questions using the information provided in the text.

Try to answer in full sentences and pay attention to your spelling and grammar.

Once you have answered all the questions, check your answers with the suggested answers.

<u>Kochana Alicjo</u>

Kochana Alicjo,

Cześć! Jak się masz? Ja mam się dobrze. Byłem ostatnio w parku z mamą i zobaczyłem piękne kwiaty.

Pozdrawiam ciepło,

Jan

Questions

1. Czy Jan napisał list do Alicji?
2. Co Jan zobaczył w parku?
3. Z kim Jan był w parku?

Answers

1. Tak, Jan napisał list do Alicji.
2. Jan zobaczył piękne kwiaty.
3. Jan był w parku z mamą.

Text Four

Read the following Polish comprehension text carefully.

Then answer the questions using the information provided in the text.

Try to answer in full sentences and pay attention to your spelling and grammar.

Once you have answered all the questions, check your answers with the suggested answers.

<u>Pogoda w Łodzi dzisiaj</u>

Dzisiaj w Łodzi jest piękna pogoda. Niebo jest jasne i słoneczne. Temperatura wynosi około 20 stopni Celsjusza. Nie ma deszczu ani wiatru. To idealny dzień na spacery i aktywności na świeżym powietrzu. Ciesz się piękną pogodą!

Questions

1. Jakie jest niebo dzisiaj w Łodzi?
2. Jaka jest temperatura dzisiaj w Łodzi?
3. Czy jest deszcz lub wiatr?

Answers

1. Niebo jest jasne i słoneczne.
2. Temperatura wynosi około 20 stopni Celsjusza.
3. Nie, nie ma deszczu ani wiatru.

Text Five

Read the following Polish comprehension text carefully.

Then answer the questions using the information provided in the text.

Try to answer in full sentences and pay attention to your spelling and grammar.

Once you have answered all the questions, check your answers with the suggested answers.

<u>Życie w Polsce</u>

Polska to piękny kraj w Europie Środkowej. Stolica to Warszawa, a językiem urzędowym jest polski. W Polsce ludzie mówią "dzień dobry" jako pozdrowienie. Polacy są znani z gościnności i smacznej kuchni, takiej jak pierogi i kiełbasa.

Questions

1. Gdzie jest Polska?
2. Jak się nazywa stolica Polski?
3. Jakie jest oficjalne język w Polsce?
4. Co mówią Polacy jako pozdrowienie?
5. Z czego znana jest polska kuchnia?

Answers

1. Polska jest w Europie Środkowej.
2. Stolicą Polski jest Warszawa.
3. Oficjalnym językiem w Polsce jest polski.
4. Polacy mówią "dzień dobry" jako pozdrowienie.
5. Polska kuchnia jest znana z pierogów i kiełbasy.

Text Six

Read the following Polish comprehension text carefully.

Then answer the questions using the information provided in the text.

Try to answer in full sentences and pay attention to your spelling and grammar.

Once you have answered all the questions, check your answers with the suggested answers.

<u>Zamek w Malborku</u>

Zamek w Malborku to piękny i wielki zamek w Polsce. Zbudowany w XIII wieku, jest największym ceglanym zamkiem na świecie. Zamek w Malborku jest otwarty dla zwiedzających.

Questions

1. Gdzie znajduje się Zamek w Malborku?
2. Kiedy zamek w Malborku został zbudowany?
3. Czy można zwiedzać Zamek w Malborku?

Answers

1. Zamek w Malborku znajduje się w Polsce.
2. Zamek w Malborku został zbudowany w XIII wieku.
3. Tak, Zamek w Malborku jest otwarty dla zwiedzających.

Text Seven

Read the following Polish comprehension text carefully.

Then answer the questions using the information provided in the text.

Try to answer in full sentences and pay attention to your spelling and grammar.

Once you have answered all the questions, check your answers with the suggested answers.

<u>Dom</u>

Dom jest duży i ma dwa piętra. Na pierwszym piętrze jest salon, kuchnia i łazienka. Na drugim piętrze są trzy sypialnie. W domu jest też ogród z pięknymi kwiatami.

Questions

1. Co znajduje się na pierwszym piętrze?
2. Ile sypialni jest na drugim piętrze?
3. Co jest w ogrodzie?

Answers

1. Na pierwszym piętrze znajdują się salon, kuchnia i łazienka.
2. Na drugim piętrze są trzy sypialnie.
3. W ogrodzie są piękne kwiaty.

Text Eight

Read the following Polish comprehension text carefully.

Then answer the questions using the information provided in the text.

Try to answer in full sentences and pay attention to your spelling and grammar.

Once you have answered all the questions, check your answers with the suggested answers.

<u>Kochany Jakub</u>

Kochany Jakub,

Cześć! Co u ciebie słychać? U mnie wszystko w porządku. Ostatnio miałam wspaniałą wycieczkę do zoo. Widziałam lwy, zebry i małpy. To było bardzo ekscytujące! Czy ty miałeś ostatnio jakąś ciekawą przygodę?

Pozdrawiam serdecznie,

Ewa

Questions

1. Czy Ewa napisała list do Jakuba?
2. Gdzie Ewa ostatnio była na wycieczce?
3. Co Ewa widziała na wycieczce do zoo?

Answers

1. Tak, Ewa napisała list do Jakuba.
2. Ewa ostatnio była na wycieczce do zoo.
3. Ewa widziała lwy, zebry i małpy.

Text Nine

Read the following Polish comprehension text carefully.

Then answer the questions using the information provided in the text.

Try to answer in full sentences and pay attention to your spelling and grammar.

Once you have answered all the questions, check your answers with the suggested answers.

<u>Mały Wieloryb</u>

Był sobie mały wieloryb o imieniu Wojtek. Wojtek był bardzo ciekawy świata. Pewnego dnia, gdy pływał w morzu, zauważył coś dziwnego na plaży. To była mała dziewczynka.

Questions

1. Jak się nazywał mały wieloryb?
2. Co zauważył na plaży?
3. Czy Wojtek był ciekawy świata?

Answers

1. Mały wieloryb nazywał się Wojtek.
2. Na plaży zauważył małą dziewczynkę.
3. Tak, Wojtek był bardzo ciekawy świata.

Text Ten

Read the following Polish comprehension text carefully.

Then answer the questions using the information provided in the text.

Try to answer in full sentences and pay attention to your spelling and grammar.

Once you have answered all the questions, check your answers with the suggested answers.

<u>Wycieczka do zoo</u>

Ostatnio byłem na wycieczce do zoo. Widziałem wiele różnych zwierząt. Były lwy, zebra, małpy i wiele innych. Najbardziej podobały mi się słonie, były takie duże i potężne. Mogłem je obserwować przez długi czas. Kupiłem sobie pamiątkę z zoo, mały pluszowy lew.

Questions

1. Czy byłem na wycieczce do zoo?
2. Jakie zwierzę mi się najbardziej podobało?
3. Co kupiłem sobie z zoo?

Answers

1. Tak, byłem na wycieczce do zoo.
2. Najbardziej podobały mi się słonie.
3. Kupiłem sobie małego pluszowego lwa.

Text Eleven

Read the following Polish comprehension text carefully.

Then answer the questions using the information provided in the text.

Try to answer in full sentences and pay attention to your spelling and grammar.

Once you have answered all the questions, check your answers with the suggested answers.

<u>W moim pokoju</u>

Mój pokój jest przytulny i pełen zabawek. Mam duże łóżko, na którym śpię. Na biurku stoi lampa, a na półce są moje książki.

Questions

1. Czy mój pokój jest przytulny?
2. Co jest na biurku?
3. Gdzie są moje książki?

Answers

1. Tak, mój pokój jest przytulny.
2. Na biurku stoi lampa.
3. Moje książki są na półce.

Text Twelve

Read the following Polish comprehension text carefully.

Then answer the questions using the information provided in the text.

Try to answer in full sentences and pay attention to your spelling and grammar.

Once you have answered all the questions, check your answers with the suggested answers.

<u>Góra Rysy - Najwyższy Szczyt w Polsce</u>

Góra Rysy to najwyższy szczyt w Polsce. Jest częścią Tatr, pięknych gór w Polsce i Słowacji. Rysy ma wysokość około 2 499 metrów. Na szczycie można podziwiać przepiękne widoki na otaczającą przyrodę.

Questions

1. Gdzie znajduje się Góra Rysy?
2. Jaka jest wysokość Góry Rysy?
3. Co można podziwiać na szczycie Góry Rysy?

Answers

1. Góra Rysy znajduje się w Tatrach, w Polsce i Słowacji.
2. Góra Rysy ma wysokość około 2 499 metrów.
3. Na szczycie Góry Rysy można podziwiać przepiękne widoki na otaczającą przyrodę.

Text Thirteen

Read the following Polish comprehension text carefully.

Then answer the questions using the information provided in the text.

Try to answer in full sentences and pay attention to your spelling and grammar.

Once you have answered all the questions, check your answers with the suggested answers.

<u>Piesek i Kociak</u>

W pewnym domu mieszkał piesek o imieniu Burek i kociak o imieniu Mruczek. Byli najlepszymi przyjaciółmi. Pewnego dnia zgubili się w lesie. Burek był przestraszony, ale Mruczek znalazł drogę do domu.

Questions

1. Jak się nazywał piesek?
2. Jak się nazywał kociak?
3. Co się stało z Burkiem i Mruczkiem?
4. Czy Burek był przestraszony?

Answers

1. Piesek nazywał się Burek.
2. Kociak nazywał się Mruczek.
3. Burek i Mruczek zgubili się w lesie.
4. Tak, Burek był przestraszony.

Text Fourteen

Read the following Polish comprehension text carefully.

Then answer the questions using the information provided in the text.

Try to answer in full sentences and pay attention to your spelling and grammar.

Once you have answered all the questions, check your answers with the suggested answers.

<u>Mój dom</u>

To jest mój dom. W domu są trzy pokoje: sypialnia, kuchnia i łazienka. W sypialni jest łóżko i szafa. W kuchni jest stół i krzesła. W łazience jest wanna i umywalka.

Questions

1. Ile pokoi jest w domu?
2. Co znajduje się w sypialni?
3. Co znajduje się w kuchni?
4. Co znajduje się w łazience?

Answers

1. W domu są trzy pokoje.
2. W sypialni jest łóżko i szafa.
3. W kuchni jest stół i krzesła.
4. W łazience jest wanna i umywalka.

Text Fifteen

Read the following Polish comprehension text carefully.

Then answer the questions using the information provided in the text.

Try to answer in full sentences and pay attention to your spelling and grammar.

Once you have answered all the questions, check your answers with the suggested answers.

<u>Kraków - Miasto Pełne Historii</u>

Kraków to piękne miasto w Polsce, pełne historii i zabytków. W centrum miasta znajduje się Rynek Główny, gdzie można zobaczyć piękne kamienice i słynny Kościół Mariacki. W pobliżu znajduje się Wawel - zamek, który był kiedyś siedzibą królów. Kraków jest również blisko pięknych gór Tatr.

Questions

1. Gdzie znajduje się Kraków?
2. Co można zobaczyć na Rynku Głównym?
3. Jakie góry są blisko Krakowa?

Answers

1. Kraków znajduje się w Polsce.
2. Na Rynku Głównym można zobaczyć piękne kamienice i słynny Kościół Mariacki.
3. Blisko Krakowa znajdują się piękne góry Tatry.

Text Sixteen

Read the following Polish comprehension text carefully.

Then answer the questions using the information provided in the text.

Try to answer in full sentences and pay attention to your spelling and grammar.

Once you have answered all the questions, check your answers with the suggested answers.

<u>Tęczowe kolory</u>

Wszystkie kolory w tęczy są,

Każdy z nich piękny i wesoły.

Czerwień, pomarańcz, żółć i zieleń,

Niebieski, fiolet i różowy.

Questions

1. Jakie kolory można znaleźć w tęczy?
2. Który kolor jest pierwszy w tęczy?
3. Jaki kolor jest ostatni w tęczy?

Answers

1. W tęczy można znaleźć czerwień, pomarańcz, żółć, zieleń, niebieski, fiolet i różowy.
2. Pierwszym kolorem w tęczy jest czerwień.
3. Ostatnim kolorem w tęczy jest różowy.

Text Seventeen

Read the following Polish comprehension text carefully.

Then answer the questions using the information provided in the text.

Try to answer in full sentences and pay attention to your spelling and grammar.

Once you have answered all the questions, check your answers with the suggested answers.

<u>Polska flaga - Symbol Ojczyzny</u>

Polska flaga składa się z dwóch poziomych pasów. Górny pas jest koloru białego, a dolny pas jest koloru czerwonego. Biały kolor symbolizuje czystość i niewinność, a czerwony kolor odnosi się do odwagi i siły. Polska flaga jest ważnym symbolem Ojczyzny. Widzisz tę flagę na wielu budynkach i podczas ważnych uroczystości.

Questions

1. Jakie kolory znajdują się na polskiej fladze?
2. Co symbolizuje biały kolor?
3. Co symbolizuje czerwony kolor?
4. Gdzie można zobaczyć polską flagę?

Answers

1. Na polskiej fladze znajdują się kolory biały i czerwony.
2. Biały kolor symbolizuje czystość i niewinność.
3. Czerwony kolor symbolizuje odwagę i siłę.
4. Polską flagę można zobaczyć na wielu budynkach i podczas ważnych uroczystości.

Text Eighteen

Read the following Polish comprehension text carefully.

Then answer the questions using the information provided in the text.

Try to answer in full sentences and pay attention to your spelling and grammar.

Once you have answered all the questions, check your answers with the suggested answers.

<u>Świąteczne potrawy w Polsce</u>

W Polsce Boże Narodzenie jest czasem smacznego jedzenia. Tradycyjne potrawy to: pierogi, barszcz, karp i makowiec. Pierogi to kluski z nadzieniem, np. z kapustą lub serem. Barszcz to czerwona zupa z buraków. Karp to ryba, którą często smażą lub pieką. Makowiec to słodki placek z makiem i bakaliami.

Questions

1. Jakie są tradycyjne potrawy świąteczne w Polsce?
2. Co to jest barszcz?
3. Jakie nadzienie może mieć pieróg?
4. Jak przyrządza się karp w polskiej kuchni świątecznej?

Answers

1. Tradycyjne potrawy świąteczne w Polsce to pierogi, barszcz, karp i makowiec.
2. Barszcz to czerwona zupa z buraków.
3. Pieróg może mieć nadzienie, takie jak kapusta lub ser.
4. Karp w polskiej kuchni świątecznej często jest smażony lub pieczony.

Text Nineteen

Read the following Polish comprehension text carefully.

Then answer the questions using the information provided in the text.

Try to answer in full sentences and pay attention to your spelling and grammar.

Once you have answered all the questions, check your answers with the suggested answers.

<u>Polskie zwierzęta</u>

W Polsce żyje wiele interesujących zwierząt. Jednym z nich jest bocian. Bociany mają długie nogi i duże białe skrzydła. Potrafią latać na długie dystanse. Co jedzą bociany? Bociany jedzą ryby, żaby i małe gryzonie.

Kolejne zwierzę to jeleń. Jelenie mają duże poroże na głowie. One żyją w lasach i polach. Co jedzą jelenie? Jelenie jedzą trawę, liście i gałązki drzew.

Ostatnie zwierzę to żubr. Żubry są bardzo duże i mają grube rogi. Żyją w puszczy Białowieskiej. Co jedzą żubry? Żubry jedzą trawę, korę drzew i krzewy.

Questions

1. Co jedzą bociany?
2. Gdzie żyją jelenie?
3. Co jedzą żubry?

Answers

1. Bociany jedzą ryby, żaby i małe gryzonie.
2. Jelenie żyją w lasach i polach.
3. Żubry jedzą trawę, korę drzew i krzewy.

Text Twenty

Read the following Polish comprehension text carefully.

Then answer the questions using the information provided in the text.

Try to answer in full sentences and pay attention to your spelling and grammar.

Once you have answered all the questions, check your answers with the suggested answers.

<u>Pustynia Błędowska</u>

Pustynia Błędowska to niezwykłe miejsce znajdujące się w Polsce. Chociaż Polska słynie z pięknych lasów i gór, ma również swoją własną pustynię! Pustynia Błędowska znajduje się niedaleko miasta Kraków i jest jedyną pustynią w Polsce.

Questions

1. W którym kraju znajduje się Pustynia Błędowska?
2. W pobliżu którego miasta znajduje się Pustynia Błędowska?
3. Czy Polska ma inne pustynie?

Answers

1. Pustynia Błędowska znajduje się w Polsce.
2. Pustynia Błędowska znajduje się w pobliżu miasta Kraków.
3. Nie, Pustynia Błędowska jest jedyną pustynią w Polsce.

Text Twenty One

Read the following Polish comprehension text carefully.

Then answer the questions using the information provided in the text.

Try to answer in full sentences and pay attention to your spelling and grammar.

Once you have answered all the questions, check your answers with the suggested answers.

<u>Pączki - Słodkie, Polskie Smakołyki</u>

Pączki to pyszne, polskie smakołyki. To rodzaj słodkiego ciasta, które jest smażone. Pączki mają okrągłą formę i są zazwyczaj wypełnione dżemem lub kremem. Często są posypane cukrem pudrem. Pączki są tradycyjnie jedzone w czasie tłustego czwartku, który poprzedza Wielki Post.

Questions

1. Co to są pączki?
2. Jakie kształty mają pączki?
3. Czym są najczęściej wypełnione pączki?
4. Kiedy Polacy tradycyjnie jedzą pączki?

Answers

1. Pączki to rodzaj słodkiego ciasta, które jest smażone.
2. Pączki mają okrągłą formę.
3. Pączki są zazwyczaj wypełnione dżemem lub kremem.
4. Polacy tradycyjnie jedzą pączki w czasie tłustego czwartku.

Text Twenty Two

Read the following Polish comprehension text carefully.

Then answer the questions using the information provided in the text.

Try to answer in full sentences and pay attention to your spelling and grammar.

Once you have answered all the questions, check your answers with the suggested answers.

<u>Pierogi</u>

Pierogi to tradycyjne polskie danie. Są to małe kluski z nadzieniem, które są gotowane lub smażone. Nadzienie może być różne, na przykład ziemniaki, ser, mięso lub owoce. Pierogi są bardzo smaczne i popularne w Polsce. Często podaje się je na obiad lub jako przekąskę.

Questions

1. Czy pierogi to tradycyjne polskie danie?
2. Jakie nadzienie można znaleźć w pierogach?
3. Kiedy podaje się pierogi?

Answers

1. Tak, pierogi to tradycyjne polskie danie.
2. Nadzienie może być ziemniaczane, serowe, mięsne lub owocowe.
3. Pierogi często podaje się na obiad lub jako przekąskę.

Text Twenty Three

Read the following Polish comprehension text carefully.

Then answer the questions using the information provided in the text.

Try to answer in full sentences and pay attention to your spelling and grammar.

Once you have answered all the questions, check your answers with the suggested answers.

<u>Zwierzęta na Farmie</u>

Na farmie wiejskiej, gdzie słońce świeci,

Żyją zwierzęta, tak piękne i mili.

Krowa mleko daje, jest wielka i gruba,

Koza skacze wesoło, ma rogi na głowie.

Kurka znosi jajka, cicho gulgocze,

A owca z miękką wełną, nas ciepło otula.

Questions

1. Czy na farmie są zwierzęta?
2. Co robi krowa na farmie?
3. Kto ma rogi na głowie?

Answers

1. Tak, na farmie są zwierzęta.
2. Krowa daje mleko.
3. Koza ma rogi na głowie.

Text Twenty Four

Read the following Polish comprehension text carefully.

Then answer the questions using the information provided in the text.

Try to answer in full sentences and pay attention to your spelling and grammar.

Once you have answered all the questions, check your answers with the suggested answers.

<u>Moje Ulubione Zabawki</u>

Mam wiele ulubionych zabawek, które kocham bawić się każdego dnia. Moją ulubioną zabawką jest pluszowy miś. Jest miękki i przytulny. Lubię też grać z kolorowymi klockami, które można układać w wieże. Inna zabawka, którą lubię, to samochodzik.

Questions

1. Czy mam ulubione zabawki?
2. Jaka jest moja ulubiona zabawka?
3. Co lubię robić z klockami?

Answers

1. Tak, mam wiele ulubionych zabawek.
2. Moją ulubioną zabawką jest pluszowy miś.
3. Lubię układać klocki w wieże.

Text Twenty Five

Read the following Polish comprehension text carefully.

Then answer the questions using the information provided in the text.

Try to answer in full sentences and pay attention to your spelling and grammar.

Once you have answered all the questions, check your answers with the suggested answers.

<u>Maria Skłodowska-Curie</u>

Maria Skłodowska-Curie była polską naukowczynią i jedną z najbardziej znanych kobiet na świecie. Urodziła się w Warszawie w 1867 roku. Maria była bardzo inteligentna i pasjonowała ją nauka. Została pierwszą kobietą, która otrzymała Nagrodę Nobla. Była również pierwszą osobą, która zdobyła Nobla w dwóch różnych dziedzinach: fizyce i chemii.

Questions

1. Kto był Maria Skłodowska-Curie?
2. Gdzie się urodziła Maria Skłodowska-Curie?
3. Co Maria Skłodowska-Curie zdobyła jako pierwsza kobieta?

Answers

1. Maria Skłodowska-Curie była polską naukowczynią.
2. Maria Skłodowska-Curie urodziła się w Warszawie.
3. Maria Skłodowska-Curie zdobyła Nagrodę Nobla jako pierwsza kobieta.

Text Twenty Six

Read the following Polish comprehension text carefully.

Then answer the questions using the information provided in the text.

Try to answer in full sentences and pay attention to your spelling and grammar.

Once you have answered all the questions, check your answers with the suggested answers.

<u>Warszawa</u>

Warszawa to piękne miasto i stolica Polski. Jest pełna zabytków i interesujących miejsc. W centrum miasta znajduje się Zamek Królewski, gdzie dawniej mieszkał król. Można też zobaczyć Pomnik Syrenki - symbol miasta. W parku Łazienkowskim można spacerować i podziwiać pałac na Wyspie, który jest otoczony jeziorem. Warszawa ma wiele muzeów, w tym Muzeum Powstania Warszawskiego, gdzie można dowiedzieć się o historii miasta.

Questions

1. Gdzie znajduje się Warszawa?
2. Jakie zabytki można zobaczyć w Warszawie?
3. Jakie miejsce można odwiedzić w parku Łazienkowskim?
4. Jakie muzeum można zobaczyć w Warszawie?

Answers

1. Warszawa znajduje się w Polsce.
2. W Warszawie można zobaczyć Zamek Królewski i Pomnik Syrenki.
3. W parku Łazienkowskim można odwiedzić pałac na Wyspie.
4. W Warszawie można zobaczyć Muzeum Powstania Warszawskiego.

Text Twenty Seven

Read the following Polish comprehension text carefully.

Then answer the questions using the information provided in the text.

Try to answer in full sentences and pay attention to your spelling and grammar.

Once you have answered all the questions, check your answers with the suggested answers.

Piwnica Świdnicka - najstarsza piwnica restauracyjna w Polsce

Piwnica Świdnicka to najstarsza piwnica restauracyjna w Polsce, zlokalizowana we Wrocławiu. Istnieje już od ponad 700 lat i odwiedza ją wiele osób z różnych zakątków świata. W piwnicy można spróbować tradycyjnych polskich potraw, takich jak pierogi, schabowy czy barszcz czerwony.

Questions

1. Gdzie znajduje się Piwnica Świdnicka?
2. Jak długo istnieje Piwnica Świdnicka?
3. Jakie potrawy można spróbować w Piwnicy Świdnickiej?

Answers

1. Piwnica Świdnicka znajduje się we Wrocławiu.
2. Piwnica Świdnicka istnieje już od ponad 700 lat.
3. W Piwnicy Świdnickiej można spróbować tradycyjnych polskich potraw, takich jak pierogi, schabowy czy barszcz czerwony.

Text Twenty Eight

Read the following Polish comprehension text carefully.

Then answer the questions using the information provided in the text.

Try to answer in full sentences and pay attention to your spelling and grammar.

Once you have answered all the questions, check your answers with the suggested answers.

<u>Pogoda w Warszawie jutro</u>

Jutro w Warszawie będzie słonecznie i ciepło. Temperatura wyniesie około 25 stopni Celsjusza. Nie będzie padać deszcz, więc nie musisz brać parasolka. Będzie lekki wiatr wiejący z zachodu. Możesz spodziewać się pięknego dnia, idealnego do spacerów i pikników na świeżym powietrzu.

Questions

1. Jaka będzie pogoda jutro w Warszawie?
2. Jaką temperaturę będzie miała?
3. Czy będzie padać deszcz?
4. Skąd będzie wiać wiatr?

Answers

1. Jutro w Warszawie będzie słonecznie i ciepło.
2. Temperatura wyniesie około 25 stopni Celsjusza.
3. Nie, nie będzie padać deszcz.
4. Wiatr będzie wiejący z zachodu.

Text Twenty Nine

———

Read the following Polish comprehension text carefully.

Then answer the questions using the information provided in the text.

Try to answer in full sentences and pay attention to your spelling and grammar.

Once you have answered all the questions, check your answers with the suggested answers.

<u>Jesień w Polsce</u>

Jesień to piękna pora roku w Polsce. W tej porze roku liście drzew zmieniają kolor na pomarańczowy, żółty i czerwony. Temperatury zaczynają się obniżać, a dni stają się krótsze. W parkach i lasach można zbierać kasztany i żołędzie. W Polsce obchodzimy również Dzień Wszystkich Świętych, kiedy odwiedzamy groby naszych bliskich. Jesień to czas, kiedy przyroda przygotowuje się do zimowego snu.

Questions

1. Jakie kolory mają liście drzew jesienią?
2. Co można zbierać w parkach i lasach jesienią?
3. Jakie święto obchodzimy w Polsce w jesieni?

Answers

1. Liście drzew jesienią mają kolory pomarańczowy, żółty i czerwony.
2. Jesienią można zbierać kasztany i żołędzie w parkach i lasach.
3. W jesieni w Polsce obchodzimy Dzień Wszystkich Świętych.

Text Thirty

Read the following Polish comprehension text carefully.

Then answer the questions using the information provided in the text.

Try to answer in full sentences and pay attention to your spelling and grammar.

Once you have answered all the questions, check your answers with the suggested answers.

<u>Dni imienin w Polsce</u>

Dni imienin są ważnym elementem polskiej tradycji. Każde imię ma swój specjalny dzień w kalendarzu, kiedy jest obchodzone. Dla przykładu, jeśli masz imię Anna, twój dzień imieninowy przypada 26 lipca. Podczas dnia imienin, rodzina i przyjaciele składają życzenia solenizantowi oraz obdarowują go prezentami. Często również spożywa się pyszne ciasta i przygotowuje specjalne potrawy na tę okazję. Dni imienin są równie ważne jak urodziny i mają długą historię w Polsce.

Questions

1. Co to są dni imienin?
2. Kiedy obchodzi się imieniny Anny?
3. Jakie są tradycje związane z dniami imienin?
4. Czy dni imienin mają długą historię w Polsce?

Answers

1. Dni imienin to specjalne dni w kalendarzu, kiedy obchodzi się imię danej osoby.
2. Imieniny Anny obchodzone są 26 lipca.
3. Podczas dni imienin, obdarowuje się solenizanta prezentami, spożywa pyszne ciasta i przygotowuje specjalne potrawy.
4. Tak, dni imienin mają długą historię w Polsce i są równie ważne jak urodziny.